Miss Blueberrymuffin

DAS

BACKBUCH

Miss Blueberrymuffin

DAS

Einhorn

BACKBUCH

25 zauberhafte
Rezepte für
Cookies, Cupcakes
Torten und mehr

Bibliografische Information der Deutschen Nationalbibliothek
Die Deutsche Nationalbibliothek verzeichnet diese Publikation in der Deutschen National-
bibliografie. Detaillierte bibliografische Daten sind im Internet über http://d-nb.de abrufbar.

Für Fragen und Anregungen:
info@rivaverlag.de

Originalausgabe
3. Auflage 2017

© 2017 by riva Verlag, ein Imprint der Münchner Verlagsgruppe GmbH
Nymphenburger Straße 86
D-80636 München
Tel.: 089 651285-0
Fax: 089 652096

Redaktion: Caroline Kazianka
Umschlag- und Layoutgestaltung: Laura Osswald
Umschlagabbildungen und Abbildungen im Innenteil: Katharina Karpenkiel-Brill/Miss Blueberrymuffin
Satz: Daniel Förster, Belgern
Druck: Florjancic Tisk d.o.o., Slowenien
Printed in the EU

ISBN Print 978-3-7423-0333-2
ISBN E-Book (PDF) 978-3-95971-831-8
ISBN E-Book (EPUB, Mobi) 978-3-95971-830-1

Weitere Informationen zum Verlag finden Sie unter

www.rivaverlag.de

Beachten Sie auch unsere weiteren Verlage unter www.m-vg.de

Inhalt

Einleitung

Was haben Kuchen, Cupcakes und Cookies mit Einhörnern gemeinsam? Sie machen glücklich und man kann nie genug davon bekommen! Da wird es Zeit für ein ganzes Backbuch mit zauberhaften Ideen rund um die magischen Fabelwesen. Denn einen entscheidenden Vorteil haben die süßen Einhörner im Buch: Ihnen zu begegnen muss kein Traum bleiben – du kannst sie einfach selber backen!

Überrasche deine Freundin mit einer fantastischen Einhorn-Torte zum Geburtstag, versprühe beim nächsten Familienkaffee mit deinem Kuchen etwas Magie oder verschenke etwas Glück mit leckeren Hufeisen-Keksen.

Mit dem Einhorn-Backbuch soll sich wirklich jeder die bunte Welt der Einhörner in seine Küche holen können. Deswegen finden sich im Buch 25 süße Rezepte mit ganz unterschiedlichem Schwierigkeitsgrad. Anhand der Einhorn-Legende kann auf einen Blick abgelesen werden, wie einfach die Einhorn-Rezepte sind. So siehst du gleich, bei welchen zauberhaften Leckereien auch kleine Einhorn-Fans mithelfen können und wo etwas Fingerspitzengefühl gefragt ist. Bei allen Rezepten sichern verständliche Schritt-für-Schritt-Anleitungen das Gelingen deines Einhorn-Backvergnügens!

Viel Spaß beim Backen!

Tipps und Tricks

- Du hast keine Kreisausstecher in verschiedenen Größen? Kein Problem! Funktioniere einfach Wassergläser, Eierbecher, Tüllen oder kleine Schälchen um. Diese kannst du direkt zum Ausstechen verwenden oder als Schablone und darum herum schneiden.

- Anstelle eines separaten Drehtellers zum Dekorieren von Torten kannst du auch wunderbar eine normale Drehplatte aus Holz verwenden.

- Schillerlockenkegel kannst du selbst basteln, indem du kleine Eiswaffeln mit Alufolie umwickelst.

- Anstelle von Holzspießen, die du zur Befestigung in die Fondantdekoration steckst (z. B. bei den Einhorn-Berlinern auf Seite 60), kannst du auch rohe Spaghetti verwenden.

- Wenn du zum Anrühren der Puderfarben keinen klaren Alkohol verwenden möchtest, kannst du stattdessen auch klares Vanille-, Zitronen- oder Bittermandelaroma verwenden. Dies ist dann allerdings nicht mehr geschmacksneutral. Wasser kann nicht verwendet werden, da es zu lange zum Trocknen brauchen würde und hier den Fondant auflösen könnte.

- Kuppelbackformen hat vielleicht nicht jeder zu Hause, aber bestimmt eine Edelstahlschüssel. Diese kannst du bei gleichem Durchmesser als Ersatz verwenden. Sie sollte jedoch besonders gut gefettet und bemehlt werden, damit sich der Kuchen herauslösen lässt. Außerdem kann die Backzeit variieren. Wenn du die Backform austauschst, sollte immer eine Stäbchenprobe gemacht werden, um zu prüfen, ob der Kuchen gar ist. Zum Backen geeignet wäre auch eine hitzebeständige Glasschüssel.

- Bei der Wahl der richtigen Lebensmittelfarbe ist es wichtig, die Konsistenz der Creme oder des Teiges nicht zu sehr zu verändern. Dies gelingt am besten mit Gel- oder Pastenfarben. Du brauchst nur ganz wenig davon, da sie sehr intensiv färben.

Einhorn-Marshmallow-Cupcakes

12 Stück

Arbeitszeit: ca. 60 Minuten (ohne eventuelle Kühl- und Trocknungszeit)

Schwierigkeit

Für die Dekoration
200 g weißer Fondant
goldene Lebensmittelfarbe
  (Puder) für die Hörner
etwas klarer Alkohol

Für den Teig
100 g weiche Butter
150 g Zucker
3 Eier (Größe M)
1 TL Vanilleextrakt
175 g Mehl
1 ½ TL Backpulver
50 ml Milch (3,5 % Fett)
etwas Salz
3–4 EL rosa Zuckerstreusel

Für die Marshmallow-Creme
4 Eiweiß (Größe M)
200 g Zucker
1 TL frisch gepresster Zitronensaft
45 ml kaltes Wasser
Lebensmittelfarbe, z. B. rosa
essbarer Glitzer

Zubehör
Herzausstecher, Muffinform

1. Für die Hörner je zwei dünne Stränge aus Fondant formen, die zu einem Ende hin etwas dicker werden. Diese miteinander verzwirbeln und unten gerade abscheiden. Die Hörner müssen 2–3 Stunden trocknen.

2. Die goldene Puderfarbe dann mit einigen Tropfen Alkohol anrühren und die Hörner damit bemalen. Die Hörner dann erneut 3–5 Stunden oder über Nacht trocknen lassen.

3. Für die Ohren den Fondant dünn ausrollen und mit einem passenden Herzausstecher ausstechen. Die Ohren einige Stunden z. B. über einen Kochlöffel legen, damit sie eine kleine Wölbung bekommen.

4. Die ausgehärteten Ohren in der Mitte der Innenseite mit rosa Puderfarbe bemalen bzw. die Farbe aufpudern.

5. Den Backofen auf 175 °C Ober- und Unterhitze vorheizen.

6. Die Butter zusammen mit dem Zucker in einer Schüssel cremig aufschlagen. Dann nach und nach die Eier und den Vanilleextrakt hinzufügen und einrühren.

7. Das Mehl mit dem Backpulver und dem Salz vermengen und abwechselnd mit der Milch zum Teig geben. Dabei mit dem Mehl beginnen und auch damit aufhören.

8. Zuletzt werden die Zuckerstreusel unter den Teig gehoben. Den Teig auf die mit Papierförmchen ausgelegten Mulden einer Muffinform verteilen.

9. Cupcakes im Backofen auf mittlerer Schiene 20–25 Minuten backen. Danach auf einem Rost vollständig auskühlen lassen.

10. Für die Marshmallow-Creme die Eiweiße zusammen mit dem Zucker, dem Zitronensaft und dem Wasser in eine Metallschüssel geben. Über dem Wasserbad unter langsamem Rühren einmal auf 60 °C erhitzen, bis sich der Zucker komplett gelöst hat.

11. Dann die Schüssel vom Wasserbad nehmen und die Creme mit dem Mixer ca. 7–10 Minuten lang aufschlagen, bis sie abgekühlt ist. Sie sollte glänzend sein und feste Spitzen bilden, wenn man die Rührstäbe herauszieht.

12. Lebensmittelfarbe einrühren und die Creme in einen Spritzbeutel mit großer Sterntülle füllen. Mit einer kreisenden Bewegung je ein Häubchen auf die abgekühlten Cupackes spritzen und diese mit der vorbereiteten Dekoration und etwas essbarem Glitzer verzieren.

Die Dekoration am besten einen Tag vorher herstellen, damit sie gut durchtrocknen kann.

Mini-Rainbow-Cheesecakes im Glas

5 Gläser à 200 ml

Arbeitszeit: ca. 30 Minuten (ohne eventuelle Kühl- und Trocknungszeit)

Schwierigkeit 🦄 🦄 🦄

Für den Boden
100 g Butterkekse
25 g Butter
1 EL bunte Zuckerstreusel

Für die Creme
200 ml Schlagsahne
700 g Frischkäse
100 g Naturjoghurt

75 g Puderzucker
1 TL Vanilleextrakt
2 Pck. Sahnesteif
Lebensmittelfarben: rosa, gelb,
  grün, blau und lila

Für die Dekoration
150 ml Sahne
bunte Zuckerstreusel

---

1. Für den Boden die Butterkekse in einen Gefrierbeutel geben und mit einem Nudelholz zu feinen Krümeln zerkleinern.

2. Die Butter zerlassen und zusammen mit den Kekskrümeln in einer Schüssel gut vermengen. Dann mit den Zuckerstreuseln mischen. Teig auf die Gläser verteilen und etwas andrücken.

3. Für die Creme die Sahne in einer Schüssel steif schlagen. In einer zweiten Schüssel den Frischkäse mit dem Naturjoghurt, dem Puderzucker, dem Vanilleextrakt und dem Sahnesteif verrühren. Die Sahne unterheben und die Masse auf fünf Schüsseln verteilen und rosa, gelb, grün, blau und lila einfärben. Dann zuerst die lila Creme mit einem Spritzbeutel, dessen Spitze ab-

geschnitten wird, oder mit einem Löffel in die Gläser füllen. Im Anschluss die blaue, grüne, gelbe und zuletzt die rosa Creme auf die Gläser verteilen.

4. Die Sahne für die Dekoration steif schlagen und in einen Spritzbeutel mit kleiner Sterntülle füllen. Je ein Häubchen auf die Creme spritzen und dieses mit ein paar bunten Zuckerstreuseln verzieren.

Niedliche Einhorn-Eclairs

ca. 20 Stück

Arbeitszeit: ca. 45 Minuten (ohne eventuelle Kühl- und Trocknungszeit)

Schwierigkeit

Für den Brandteig
125 ml Milch (3,5 % Fett)
125 ml Wasser
100 g Butter
200 g Mehl
1 Prise Salz
4–5 Eier (M)

Für die Füllung
650 ml Sahne
6 EL Puderzucker
1 TL Vanilleextrakt

Für die Dekoration
105 g weißer Fondant
goldene Lebensmittelfarbe
etwas Kokosfett
500–600 g weiße Glasurlinsen
100 g Butter
200 g Puderzucker
2 EL Milch (3,5 % Fett)
pinke Lebensmittelfarbe
dunkle Zuckerschrift
Streudekor (goldene Sterne)

1. Für die Dekoration aus 85 g weißem Fondant Hörner formen. Dazu den Fondant zu dünnen Strängen rollen, die zu den Enden spitz zulaufen. Zwei Stränge an den dünnen Enden zusammenfassen und miteinander verzwirbeln. Unten eine gerade Kante schneiden und die Hörner auf einen Zahnstocher oder eine rohe Spagetti spießen (Achtung: Gäste unbedingt darauf aufmerksam machen, damit sich keiner wehtut.).

2. Aus dem restlichen Fondant kleine Ohren herstellen. Dafür erst Tropfen formen und diese dann an dem dickeren Ende zusammendrücken. Die Hörner und die Ohren 3–4 Stunden trocknen lassen, dann mit goldener Lebensmittelfarbe bemalen und erneut einige Stunden trocknen lassen.

3. Den Backofen auf 200 °C Ober- und Unterhitze vorheizen.

4. Für den Brandteig Milch, Wasser und Butter zusammen in einen Topf geben, kurz aufkochen lassen und dann Topf vom Herd ziehen. Mehl und Salz vermengen und in einem Schwung mit in den Topf geben. Das Mehl mit einem Kochlöffel unterrühren und den Topf dann wieder auf die heiße Platte stellen. Den Teig nun unter ständigem Rühren für 1–2 Minuten »abbrennen«. Sobald sich ein dünner, weißer Belag am Topfboden bildet, den Teig in eine kalte Rührschüssel umfüllen. Dann nach und nach die Eier einrühren, bis eine spritzfähige Konsistenz entstanden ist. Den Teig in einen Spritzbeutel mit großer, offener Sterntülle füllen und ca. 8 cm lange Eclairs auf ein mit Backpapier belegtes Backblech spritzen. Eclairs 20–30 Minuten im Ofen auf mittlerer Schiene goldbraun backen. Nach dem Backen auf einem Rost vollständig auskühlen lassen.

5. Für die Füllung die Sahne in einer Schüssel mit dem Puderzucker und dem Vanilleextrakt steif schlagen und dann in einen Spritzbeutel mit kleiner Lochtülle füllen. Zwei Löcher in die Unterseite der Eclairs stechen und diese dann mit der Sahne füllen.

6. Die weißen Glasurlinsen im Wasserbad schmelzen und mit etwas Kokosfett ausdünnen. Die Oberseiten der Eclairs mit der Glasur bestreichen. Die Glasur fest werden lassen.

7. Für die Mähne eine Creme herstellen. Dazu erst die Butter in einer Schüssel mit dem Puderzucker weiß-cremig aufschlagen und dann die Milch und die pinke Lebensmittelfarbe einrühren. Die Creme in einen Spritzbeutel mit kleiner Sterntülle füllen.

8. Die Hörner in die Eclairs stecken und die pinke Creme in Tupfen als Mähne aufspritzen. Die Ohren in die Creme stecken. Mit dunkler Zuckerschrift kleine Halbkreise als Augen aufmalen. Die Eclairs werden dann noch mit goldenem Streudekor bestreut.

Einhorn-Motivtorte

Ø 20 cm

Arbeitszeit: ca. 85 Minuten (ohne eventuelle Kühl- und Trocknungszeit)

Schwierigkeit 🦄 🦄 🦄

Für den Teig
250 g Butter
235 g Puderzucker
2 TL Vanilleextrakt
6 Eier (M)
500 g Mehl
1 Pck. Backpulver
375 ml Milch (3,5 % Fett)
1 Prise Salz
Fett für die Form
Mehl zum Bestäuben

Für die Creme/Füllung
250 g Butter
500 g Puderzucker

1 TL Vanilleextrakt
50 ml Milch (3,5 % Fett)
2–3 EL Marmelade (nach Geschmack)

Für die Dekoration
1 kg weißer Fondant zum Eindecken
etwas Bäckerstärke
ca. 50 g grauer Fondant
je 30–50 g Fondant hellblau, lila und rosa
ca. 10 g schwarzer Fondant
goldene Lebensmittelfarbe

Zubehör
Kuppelbackform, Ball-Tool,
Kreisausstecher

1. Den Backofen auf 170 °C Ober- und Unterhitze vorheizen.

2. Für den Teig die Butter zusammen mit dem Puderzucker und dem Vanilleextrakt in einer Schüssel hell-cremig aufschlagen. Dann nach und nach die Eier einrühren. Das Mehl mit dem Backpulver vermengen und abwechselnd mit der Milch zum Teig geben. Dabei mit dem Mehl beginnen und auch damit aufhören. Salz zugeben.

3. Den Teig in eine gefettete und bemehlte Kuppelbackform füllen und auf mittlerer Schiene ca. 75 Minuten backen. Den Kuchen nach dem Backen 10–15 Minuten in der Form abkühlen lassen. Dann herauslösen und auf einem Rost vollständig abkühlen lassen.

4. Für die Creme die Butter zusammen mit dem Puderzucker und dem Vanilleextrakt in einer Schüssel 10–15 Minuten weiß-cremig aufschlagen. Die Milch langsam dazugießen.

5. Den Kuchenboden gerade schneiden, sodass die Torte auf die Platte gesetzt werden kann. Den Kuchen dann einmal waagerecht halbieren. Den unteren Boden mit der Marmelade und dann mit 2–3 EL der Creme bestreichen. Das Oberteil aufsetzen und dann die komplette Torte dünn mit der Creme einstreichen. Die Torte für ½ Stunde in den Kühlschrank stellen. Danach die komplette Torte noch mal glatt mit der Creme einstreichen.

6. Zum Eindecken ca. 450 g weißen Fondant weich kneten und auf etwas Bäckerstärke dünn zu einem Kreis ausrollen, der größer ist als die komplette Torte. Den Fondant über die Torte legen und glatt streichen. Überschüssigen Fondant an der Unterseite gerade abschneiden.

7. Aus je 50 g weißem Fondant kleine Kugeln für die Beine formen. Einen kleinen Kreis für den Huf aus dünn ausgerolltem grauem Fondant ausstechen und diesen mit etwas Wasser auf die Beinkugeln kleben. Diese nun etwas flach drücken und mit einem Holzspieß oder einer rohen Spaghetti in die Torte stecken (Achtung: Gäste unbedingt darauf aufmerksam machen, damit sich keiner wehtut.).

8. Den Kopf aus etwa 350 g weißem Fondant herstellen. Dafür erst eine Kugel und daraus dann einen Tropfen mit abgerundeter Spitze formen. Für die Augen mit einem Ball-Tool oder dem Fingerknöchel kleine Mulden in den Fondant drücken.

9. Für die Augen ein kleines Oval aus hellblauem Fondant formen. Darauf dann einen Kreis aus weißem Fondant setzen. Für die Pupille einen Kreis aus schwarzem Fondant mit weißem Glanzfleck ergänzen.

10. Grauen Fondant dünn ausrollen. Mit einem Kreisausstecher, welcher zu der Kopfbreite des Einhorns passt, einen Kreis ausstechen. Diesen Kreis für die Mundpartie mit etwas Wasser aufkleben. Mit dem gleichen Ausstecher eine Kerbe für den Mund eindrücken. Mit einem Ball-Tool zwei Nüstern modellieren. Um den Kopf an der Torte zu befestigen, drei Spieße verwenden.

11. Aus 15–20 g weißem Fondant einen kleinen Kegel als Horn formen. Dazu zwei kleine Dreiecke als Ohren formen. Beides mit der goldenen Lebensmittelfarbe bemalen. Das Horn und die Ohren auf einen Holzspieß oder eine rohe Spaghetti stecken, um sie damit an der Torte zu befestigen.

12. Die Mähne wird aus vielen dünnen Strängen des bunten Fondants hergestellt. Dafür werden diese mit etwas Wasser oder Zuckerkleber am Kopf und am Po (für den Schweif) angebracht.

Heiße Einhorn-Schokolade

2 Gläser

Arbeitszeit: ca. 15 Minuten (ohne eventuelle Kühl- und Trocknungszeit)

Schwierigkeit

Für die Dekoration
etwas Kokosfett
200 g blaue Glasurlinsen
bunte Zuckerstreusel
100 ml Sahne

Für den Trank
350 g Erdbeeren
60 g Zucker
200 ml Milch (3,5 % Fett)
200 g weiße Schokolade
optional: rosa Lebensmittelfarbe

1. Zuerst die Dekoration vorbereiten. Dafür die Glasurlinsen über dem Wasserbad schmelzen und mit etwas Kokosfett ausdünnen. Den Rand der Gläser in die Glasur tauchen und auch etwas innen davon am Glas herunterlaufen lassen. Dann den Rand mit bunten Streuseln dekorieren. Sahne in einer Schüssel steif schlagen.

2. Die übrige Glasur dünn auf einem Backpapier verstreichen und mit bunten Streuseln bestreuen. Nach dem Festwerden in schmale, hohe Dreiecke brechen.

3. Die Erdbeeren putzen, waschen, in einer Schüssel pürieren und die Masse dann durch ein Sieb streichen und auffangen. Den Zucker in das Erdbeerpüree einrühren.

4. Die Milch in einen Topf geben, kurz aufkochen lassen und vom Herd ziehen. Die weiße Schokolade fein hacken und darin auflösen. Dann das Erdbeerpüree einrühren. Wer möchte, gibt noch etwas rosa Lebensmittelfarbe dazu.

5. Die heiße Einhorn-Schokolade in die vorbereiteten Gläser füllen, die Sahne obenauf geben und mit blauen Dreiecken als »Hörner« verzieren.

Kleiner Rainbow-Cake

Ø 15 cm

Arbeitszeit: ca. 60 Minuten (ohne eventuelle Kühl- und Trocknungszeit)

Schwierigkeit

Für den Teig

120 g weiche Butter
250 g Zucker
1 TL Vanilleextrakt
4 Eiweiß (Größe M)
280 g Mehl
2 TL Backpulver
180 ml Milch (3,5 % Fett)
1 Prise Salz
Lebensmittelfarben: rosa, gelb,
  grün, blau und lila
Fett für die Form
Mehl zum Bestäuben

Für die Creme

4 Eiweiß (M)
1 Prise Salz
200 g Zucker
65 ml Wasser
335 g weiche Butter
1 TL Vanilleextrakt

Für die Dekoration

bunte Zuckerstreusel
Einhorn-Cake-Topper

Zubehör

Springformen oder runde
Backformen Ø 15 cm

1. Den Backofen auf 165 °C Ober- und Unterhitze vorheizen.

2. Für den Teig die Butter zusammen mit dem Zucker und dem Vanilleextrakt in einer Schüssel hell-cremig aufschlagen. Dann nach und nach die Eiweiße einrühren. Das Mehl mit dem Backpulver vermengen und abwechselnd mit der Milch zum Teig geben und verrüh-

ren. Dabei mit dem Mehl beginnen und enden. Salz zugeben.

3. Den Teig gleichmäßig auf fünf Schüsseln verteilen und rosa, gelb, grün, blau und lila einfärben.

4. Die Backformen fetten und bemehlen und jeweils einen farbigen Teig einfüllen. Auf mittlerer Schiene

15–20 Minuten im Ofen backen. Danach die Kuchen 10–15 Minuten in den Backformen abkühlen lassen. Anschließend alle fünf vorsichtig herauslösen und vollständig abkühlen lassen. Dann jeweils die Kuppel und die gebräunten Kanten der Kuchen abschneiden, damit die Farben schön zur Geltung kommen. Stehen keine fünf gleich großen Backformen zur Verfügung, können die Kuchen natürlich auch nacheinander gebacken werden.

5. Für die Creme die Eier trennen und das Eiweiß in eine große fettfreie Rührschüssel geben und mit dem Salz steif aufschlagen. Dabei langsam ein Drittel des Zuckers einrieseln lassen. Das Wasser zusammen mit dem restlichen Zucker in einen Topf geben und aufkochen lassen. Den Sirup unter ständigem Rühren 3–5 Minuten einkochen. Den heißen Sirup dann unter ständigem Rühren in einem dünnen Strahl zum Eischnee gießen. Die Masse so lange schlagen, bis sie wieder abgekühlt ist. Dann esslöffelweise die Butter dazugeben und einrühren. Zuletzt den Vanilleextrakt einrühren.

6. Den lila Boden auf die Tortenplatte setzen und mit 1 EL der Creme bestreichen. So nacheinander alle Böden schichten und mit dem rosa Boden abschließen. Die gesamte Torte einmal dünn mit der Creme einstreichen und dann ca. 30 Minuten in den Kühlschrank stellen. Danach die Torte noch einmal komplett glatt einstreichen. Es ist hilfreich, die Torte dafür auf einem Drehteller zu platzieren. Die restliche Creme in einen Spritzbeutel mit kleiner Sterntülle füllen und die Torte damit weiter verzieren.

7. Zuletzt wird die Torte mit bunten Streuseln dekoriert und der Cake-Topper in die Mitte gesteckt.

Einen Einhorn-Cake-Topper kann man ganz einfach selbst basteln. Dafür braucht man nur etwas Glitzerpappe. Auf der Rückseite zeichnet man mithilfe eines Keksausstechers, den man als Schablone verwenden kann, ein Einhorn auf und schneidet dieses aus. Mit etwas Klebeband fixiert man den Cake-Topper an einem Holzspieß und steckt diesen damit in die Torte.

Unicorn-Cookie-Bars

ca. 9 große oder 16 kleine Stücke Stück
Arbeitszeit: ca. 25 Minuten (ohne eventuelle Kühl- und Trocknungszeit)
Schwierigkeit 🦄 🦄 🦄

Für den Teig
115 g Butter
150 g Zucker
2 Pck. Vanillezucker
1 Ei (M) + 1 Eigelb (M)
185 g Mehl
1 TL Backpulver
1 Prise Salz
1 ½ TL Speisestärke
80 g bunte Einhorn-Streusel
Fett für die Form
Mehl zum Bestäuben

Für die Creme
170 g Butter
270 g Puderzucker
45 ml Sahne
1 TL Vanilleextrakt
rosa Lebensmittelfarbe

Für die Dekoration
35 g weiße Schokolade
2 EL bunte Einhorn-Streusel

Zubehör
Eckige Backform mit Hebeboden
(20 × 20 cm)

1. Den Backofen auf 175 °C Ober- und Unterhitze vorheizen.

2. Die Butter zusammen mit dem Zucker und dem Vanillezucker in einer Schüssel cremig aufschlagen. Dabei erst das Ei und dann das Eigelb einrühren.

3. Das Mehl mit dem Backpulver, Salz und der Speisestärke vermengen, zu der Buttermasse geben und dann alles zu einem geschmeidigen Teig verkneten. Zuletzt die Zuckerstreusel unterrühren.

4. Den Boden der Backform mit Backpapier auskleiden, die Ränder fetten und bemehlen. Den Teig in der Backform verteilen und glatt streichen. Es hilft dabei, das Werkzeug etwas zu bemehlen.

5. Teig im Backofen auf mittlerer Schiene ca. 25 Minuten backen und danach auf einem Rost vollständig auskühlen lassen.

6. Für die Creme die Butter zusammen mit dem Puderzucker in einer Schüssel ca. 10 Minuten aufschlagen. Dann die Sahne und den Vanilleextrakt dazugeben und cremig rühren. Creme rosa einfärben.

7. Den Cookie-Boden aus der Backform lösen und mit der Creme bestreichen.

8. Die Schokolade fein hacken und in einem Topf schmelzen. Dann in einen Gefrierbeutel füllen, eine kleine Ecke abschneiden und die Schokolade in langen Streifen über die Cookie-Bars geben.

9. Zuletzt werden die Einhorn-Zuckerstreusel darüber verteilt und der Cookie-Boden zu Unicorn-Cookie-Bars zurechtgeschnitten.

Die Unicorn-Cookie-Bars gelingen auch in einer runden 22er- oder 24er-Springform.

Süße Einhorn-Cupcakes mit Fondant-Topper

12 Stück

Arbeitszeit: ca. 90 Minuten (ohne eventuelle Kühl- und Trocknungszeit)

Schwierigkeit

Für die Cake-Topper
450 g weißer Fondant
etwas Bäckerstärke
15 g schwarzer Fondant
24 kleine weiße Zuckerperlen
65 g rosa Fondant
40 g blauer Fondant

Für den Teig
85 g weiche Butter
250 g Zucker
245 g Mehl
1 ½ TL Backpulver
1 Prise Salz

2 Eier (M)
240 ml Milch (3,5 % Fett)
1 TL Vanilleextrakt

Für die Creme
200 g weiße Schokolade
75 ml Sahne
200 g Butter
5 gehäufte EL Puderzucker

Zubehör
Kreisausstecher, Ball-Tool,
Muffinform, Bäckerstärke

---

1. Mit den Cake-Toppern beginnen. Den weißen Fondant auf etwas Bäckerstärke etwa 2–3 mm dünn ausrollen. 18 Kreise mit einem Durchmesser von 5–7 cm ausstechen. Die Größe der Kreise an die der Cupcakes anpassen. Aus sechs Kreisen mit dem gleichen Ausstecher je zwei Ovale ausstechen. Aus dem übrigen weißen Fondant 24 kleine Dreiecke für die Ohren schneiden. Die Ovale als Augen und die Dreiecke als Ohren mit etwas Zuckerkleber oder Wasser auf je einen der Kreise kleben.

2. Mit einem Ball-Tool oder einem Pinselstiel kleine Mulden für die Nüstern in den Fondant drücken. Mit dem Kreisausstecher den Mund in den Fondant drücken. Für die Pupillen kleine Kugeln aus schwarzem Fondant rollen und etwas flach drücken. Diese mit etwas Zuckerkleber oder Wasser auf die Augen kleben. Kleine weiße Zuckerperlen als Glanzpunkt darauf setzen.

3. Für die Mähne dünne Stränge aus rosa Fondant formen. Einen kleinen Kegel aus blauem Fondant für das Horn formen. Mähne und Horn mit Wasser oder Zuckerkleber ankleben.

4. Die fertigen Cake-Topper 4–6 Stunden trocknen lassen.

5. Den Backofen auf 185 °C Ober- und Unterhitze vorheizen. Die Mulden der Muffinform mit Papierförmchen auslegen.

6. Für den Teig Butter, Zucker, Mehl, Backpulver und Salz in einer Schüssel vermengen.

7. Die Eier mit der Milch und dem Vanilleextrakt verquirlen und zur Butter-Mehl-Mischung geben. Zu einem glatten Teig verrühren.

8. Die Papierförmchen jeweils zwei Drittel hoch mit Teig befüllen. Die Cupcakes auf mittlerer Schiene im Ofen 18–20 Minuten backen. Die Cupcakes 5 Minuten in der Form abkühlen und dann auf einem Rost vollständig auskühlen lassen.

9. Für die Creme die weiße Schokolade sehr fein hacken und in ein hohes Gefäß füllen. Die Sahne kurz aufkochen und über die Schokolade gießen. Langsam rühren, bis sich die Schokolade in der Sahne aufgelöst hat. Unter gelegentlichem Rühren auf Zimmertemperatur abkühlen lassen. Danach abgedeckt für 1 Stunde in den Kühlschrank stellen.

10. Die Butter in einer Schüssel mit dem Puderzucker hell-cremig aufschlagen. Dann die Schokoladensahne dazugeben und alles nochmals kurz aufschlagen. Die Creme in einen Spritzbeutel mit großer Sterntülle füllen und in einer Spirale auf die ausgekühlten Muffins spritzen. Je einen vorbereiteten Einhorn-Topper aus Fondant auf die Cupcakes setzen.

Einhorn-Himbeermousse-Torte

Ø 20 cm

Arbeitszeit: ca. 75 Minuten (ohne eventuelle Kühl- und Trocknungszeit)

Schwierigkeit

Für den Teig
3 Eier (M)
80 g Zucker
1 Pck. Vanillezucker
110 g Mehl
1 gestrichener TL Backpulver
Fett für die Form

Für das Himbeerpüree
300 g Himbeeren
25 g Puderzucker

Für die weiße Mousse
2 Blatt Gelatine
50 ml Milch (3,5 % Fett)
10 g Zucker
150 g weiße Schokolade
175 ml Sahne

Für die Himbeermousse
3 Blatt Gelatine
180 g Himbeerpüree
1 Eiweiß (M)
40 g Zucker
125 ml Schlagsahne

Für den Guss
3 Blatt Gelatine
150 ml Himbeersirup
50 ml Wasser

Für die Dekoration
100–150 g Kokosraspel

Zubehör
Springform, Tortenring,
Einhornausstecher

1. Den Backofen auf 190 °C Ober- und Unterhitze vorheizen.

2. Für den Boden die Eier trennen und das Eiweiß in einer Schüssel sehr steif schlagen. Die Eigelbe zusammen mit dem Zucker und dem Vanillezucker in einer Schüssel weiß-cremig aufschlagen. Dann in mehreren Schritten das Eiweiß unterheben.

3. Das Mehl mit dem Backpulver vermengen, zu der Eimasse geben und gut verrühren.

4. Den Boden einer Springform mit Backpapier auslegen, die Ränder fetten. Den Teig in die Form füllen und 25–30 Minuten im Ofen backen.

5. Nach dem Backen den Boden 10 Minuten in der Form auskühlen lassen, dann herauslösen und abgedeckt auf einem Rost vollständig abkühlen sollte. Den Boden danach in der Mitte waagerecht durchschneiden.

6. Für das Himbeerpüree die Beeren zusammen mit dem Zucker mit einem Pürierstab oder in einem Standmixer pürieren. Gefrorene Beeren dafür erst auftauen lassen.

7. Für die weiße Mousse die Gelatine in kaltem Wasser einweichen. Die Milch zusammen mit dem Zucker in einem Topf kurz aufkochen und dann vom Herd ziehen. Die eingeweichte Gelatine ausdrücken und in der heißen Milch auflösen. Die Schokolade fein hacken und dann ebenfalls in der Milch schmelzen. Alles zu einer glatten Masse rühren und etwas abkühlen lassen. Dann die Sahne in einer Schüssel steif schlagen und in mehreren Schritten unterheben.

8. Einen Tortenring bereitstellen und einen der zugeschnittenen Böden hineinlegen. Die weiße Mousse darauf verteilen und dann den zweiten Boden darauflegen.

9. Für die Himbeermousse die Gelatine in kaltem Wasser einweichen. 80 g des Himbeerpürees in einen Topf geben und erhitzen. Die eingeweichte Gelatine ausdrücken und darin auflösen. Unter ständigem Rühren weitere 100 g Himbeerpüree dazugeben. Das Eiweiß in einer Schüssel steif schlagen und dabei langsam den Zucker einrieseln lassen. Die Sahne in einer Schüssel steif schlagen und den Eischnee sowie danach die Sahne unter das Himbeerpüree heben. Etwas von dem restlichen Himbeerpüree auf dem Boden verteilen und dann die Himbeermousse daraufgeben. Die Torte nun abgedeckt 3–4 Stunden kalt stellen.

10. Für den Guss die Gelatine in kaltem Wasser einweichen. Den Himbeersirup mit dem Wasser in einen Topf geben und erhitzen. Die eingeweichte Gelatine ausdrücken und darin auflösen. Die Masse unter gelegentlichem Rühren abkühlen lassen und dann ganz vorsichtig auf die fest gewordene Himbeermousse gießen. Die Torte dann erneut für ca. 4 Stunden kalt stellen.

11. Den Tortenring lösen und die Torte ringsherum mit Kokosraspeln bedecken. Auch auf der Oberseite einen kleinen Rand aus Kokosraspeln auf die Torte streuen. Dann mittig einen Einhornausstecher auf der Torte platzieren und mit Kokosraspeln füllen. Mit einem Zahnstocher lassen sich die Kokosraspel vorsichtig bei den Beinen oder dem Horn in der Form verteilen. Dann den Ausstecher vorsichtig gerade nach oben wegziehen.

Unicorn-Poop-Cupcakes

12 Stück

Arbeitszeit: ca. 40 Minuten (ohne eventuelle Kühl- und Trocknungszeit)

Schwierigkeit

Für den Teig
125 g Zucker
250 g Mehl
1 TL Backpulver
125 g weiche Butter
125 ml Buttermilch
2 Eier (M)
150 g weiße Schokolade

Für die Creme
4 Eiweiße (M)

1 Prise Salz
200 g Zucker
65 ml Wasser
335 g weiche Butter
Lebensmittelfarben: blau, gelb, rosa

Für die Dekoration
Streudekor (goldene Sterne)

Zubehör
Muffinform

1. Den Backofen auf 170 °C Ober- und Unterhitze vorheizen.

2. Für den Teig zuerst alle trockenen Zutaten und die Butter in die Rührschüssel geben. So lange rühren, bis eine sandige Konsistenz erreicht ist. Die Buttermilch zusammen mit den Eiern in eine zweite Schüssel geben und miteinander verquirlen. Die flüssigen Zutaten dann unter ständigem Rühren in einem dünnen Strahl zu den restlichen Zutaten gießen und alles miteinander vermengen, bis ein glatter Teig entstanden ist. Zuletzt Schokolade hacken und unterheben.

3. Den Teig jeweils zwei Drittel hoch in die mit Papierförmchen ausgelegten Mulden der Muffinform verteilen und auf mittlerer Schiene im Ofen ca. 25 Minuten backen. Aus dem Ofen nehmen und Cupcakes komplett auskühlen lassen.

4. Für die Creme die Eier trennen und das Eiweiß mit dem Salz in eine große fettfreie Rührschüssel geben und steif

schlagen. Dabei langsam ein Drittel des Zuckers einrieseln lassen.

5. Das Wasser zusammen mit dem restlichen Zucker in einen Topf geben und aufkochen lassen. Den Sirup unter ständigem Rühren 3–5 Minuten einkochen. Den heißen Sirup dann unter ständigem Rühren in einem dünnen Strahl zu dem Eischnee gießen. Die Masse so lange schlagen, bis sie wieder abgekühlt ist, und dann esslöffelweise die Butter dazugeben und einrühren. Die Creme gleichmäßig auf drei Schüsseln verteilen und blau, gelb und rosa einfärben. Alle drei Farben gemeinsam in einen Spritzbeutel mit großer Lochtülle füllen und in einer sich nach oben schraubenden Spirale auf die Cupcakes spritzen.

6. Die Cupcakes mit etwas Streudekor in Sternform verzieren.

Die Creme reicht auch für ein paar Übungsversuche, damit das perfekte Häubchen gelingt.

Lustige Einhorn-Donuts

10 Stück

Arbeitszeit: ca. 70 Minuten (ohne eventuelle Kühl- und Trocknungszeit)

Schwierigkeit 🦄 🦄 🦄

Für den Teig
125 ml Milch (3,5 % Fett)
25 g Zucker
½ Würfel frische Hefe
300 g Mehl
1 Prise Salz
1 Ei (M)
35 g weiche Butter
neutrales Pflanzenöl zum
  Ausbacken
Mehl für die Arbeitsfläche

Für die Füllung
200 g Marmelade

Für die Dekoration
etwas Kokosfett
200 weiße Glasurlinsen
20 Mandeln
30 g bunte Mini-Marshmallows
Geburtstagskerzen
goldene Lebensmittelfarbe
Lebensmittelfarbstift

Zubehör
zwei Kreisausstecher

1. Für den Hefeteig zuerst die Milch in einen Topf geben und etwa handwarm erwärmen. Dann den Zucker und die Hefe einrühren und darin auflösen. Mehl, etwas Salz und Ei in eine große Rührschüssel geben, verrühren und die Hefemilch dazugießen. Den Teig verkneten und dann die Butter hinzufügen. Alles mit der Hand oder mit dem Knethaken des Mixers zu einem glatten, elastischen Teig verarbeiten. Diesen an einem warmen Ort abgedeckt 45–60 Minuten gehen lassen. Das Teigvolumen sollte sich mindestens verdoppeln.

2. Den Teig nach dem Gehen nochmals kurz durchkneten und auf einer bemehlten Arbeitsfläche ca. 1 ½ cm dick ausrollen. Mit einem Kreisausstecher oder Wasserglas Kreise mit etwa 8 cm Durchmesser ausstechen. Mit ei-

nem kleineren Ausstecher (ca. 2 ½ cm) oder einer Spritztülle in der Mitte der großen Kreise ein Loch ausstechen. Die ausgestochenen Teigreste erneut verkneten (aber nicht öfter als zweimal) und ausrollen. Die Donuts abgedeckt noch mal ca. 45 Minuten gehen lassen.

3. Ausreichend Öl in einen Topf geben, sodass die Donuts darin schwimmen können, und dieses auf ca. 170 °C erhitzen. Je nach Topfgröße 3–4 Donuts gleichzeitig ca. 1–2 Minuten ausbacken. Die Donuts nach der Hälfte der Zeit wenden. Wenn sie fertig sind, mit einer Schaumkelle aus dem heißen Öl holen und auf einem Küchentuch abkühlen lassen.

4. Die Glasurlinsen im Wasserbad schmelzen und mit etwas Kokosfett ausdünnen. Je zwei kleine Schnitte in die Oberseite der Donuts machen. Die Mandeln mit der dickeren Seite in den Guss tauchen und fast bis zur Hälfte in die Vertiefungen stecken. Den Guss an den Ohren fest werden lassen. Dann die komplette Oberseite der Donuts mit dem Guss überziehen.

5. Die Marshmallows als Mähne auf den Donuts platzieren und je eine Geburtstagskerze als Horn in die Donuts stecken. Den Guss fest werden lassen.

6. Die Ohren mit goldener Lebensmittelfarbe bemalen und mit einem Lebensmittelfarbstift Augen aufmalen.

Die Teigkugeln, die beim Ausstechen der Löcher entstanden sind, kann man auch kurz mit frittieren und noch warm in Zimtzucker wälzen. Das schmeckt großartig!

Einhorn-Ombre-Torte

Ø 20 cm

Arbeitzeit: ca. 70 Minuten (ohne eventuelle Kühl- und Trocknungszeit)

Schwierigkeit

Für den Teig

6 Eier (M)
275 g Zucker
300 ml Mandelmilch (ungesüßt)
300 ml neutrales Pflanzenöl
2 ½ TL Vanilleextrakt
370 g Mehl
1 ½ Pck. Backpulver
80 g gemahlene Mandeln
Fett für die Form
Mehl zum Bestäuben

Für die Creme

4 Eiweiße (M)
1 Prise Salz
280 g Himbeermarmelade (ohne
   Kerne oder Stückchen)
400 g weiche Butter

Für die Füllung

3 EL Himbeermarmelade
   (ohne Kerne oder Stückchen)
125 g frische Himbeeren
rosa Lebensmittelfarbe

Für die Dekoration

100 ml Sahne
125 g frische Himbeeren
20 g weißer Fondant
etwas Bäckerstärke

Zubehör

2 Springformen à Ø≈20 cm,
Drehteller, Glätter,
Kreisausstecher,
Einhornausstecher

1. Den Backofen auf 180 °C Ober- und Unterhitze vorheizen.

2. Für den Teig die Eier in einer Schüssel schaumig schlagen, bis sich das Volumen deutlich vergrößert hat. Dann langsam den Zucker einrieseln lassen. Mandelmilch, Öl und Vanilleextrakt in einem Messbecher verrühren. In einer anderen Schüssel Mehl, Backpulver und Mandeln vermengen. Nun abwechselnd etwas von der Öl-Mandelmilch-Mischung und den trockenen Zutaten unter die Ei-Zucker-Masse heben.

Zu einem glatten Teig verarbeiten auf zwei gefettete und bemehlte Springformen verteilen und im Ofen auf mittlerer Schiene ca. 60 Minuten backen.

3. Die Böden in der Form 10–15 Minuten abkühlen lassen, dann aus der Form lösen und auf einem Rost vollständig auskühlen lassen. Die beim Backen entstandene Kuppel gerade abschneiden und die zwei Böden jeweils waagerecht halbieren.

4. Für die Buttercreme alle Eier trennen. Die Eiweiße in einer fettfreien Schüssel mit einer Prise Salz steif schlagen. Die Himbeermarmelade in einem kleinen Topf unter ständigem Rühren kurz aufkochen lassen und in einem dünnen Strahl zum Eischnee geben. Dabei die Masse ständig weiter rühren. Die Masse so lange rühren, bis sie wieder auf Raumtemperatur abgekühlt ist. Dann esslöffelweise die Butter dazugeben und auf mittlerer Stufe weiterrühren.

5. Den ersten Tortenboden auf die Tortenplatte legen und diesen erst dünn mit Himbeermarmelade und dann mit 1 EL Creme bestreichen. Himbeeren halbieren und ein Drittel der Himbeeren darauf verteilen. 1 EL Creme daraufgeben und glatt streichen. Auf diese Weise zwei weitere Tortenböden verarbeiten und alles mit einem letzten Boden bedecken. Dann die komplette Torte einmal dünn mit der Creme einstreichen und 45 Minuten kühl stellen.

6. Die restliche Creme gleichmäßig auf drei Schüsseln verteilen. Einen Teil in einem mittleren Pink und einen weiteren Teil in einem kräftigeren Pink einfärben. Jede Creme in einen Spritzbeutel füllen und die Spitze abschneiden.

7. Die Torte auf einem Drehteller platzieren. Mit der dunklen Creme beginnen und diese um die Torte herum spritzen. Dann die hellere Creme darüber setzen und zuletzt die ganz helle Creme aufspritzen.

8. Die Creme mit einem Glätter glatt streichen. Dafür den Glätter ansetzen und den Drehteller drehen. Die überschüssige Creme dabei immer wieder abstreifen.

9. Die Sahne in einer Schüssel steif schlagen und in einen Spritzbeutel mit kleiner Sterntülle füllen. Die obere Kante der Torte damit verzieren und dann einen Kreis aus Himbeeren legen.

10. Den Fondant dünn auf Bäckerstärke ausrollen und mit einem Kreisausstecher mit Wellenrand (Ø 7–8 cm) eine Plakette ausstechen. Mit einem Einhornausstecher aus der Mitte das Motiv ausstechen und die Plakette auf dem Rand der Torte anbringen.

Einhorn-Marmorkuchen

Kastenform, 30 cm

Arbeitszeit: ca. 60 Minuten (ohne eventuelle Kühl- und Trocknungszeit)

Schwierigkeit

Für den Schokoladenteig
250 g Butter
175 g Zucker
4 Eier (M)
240 g Mehl
40 g Kakaopulver
1 Prise Salz
1 TL Backpulver
Fett für die Form
Mehl zum Bestäuben

Für den Vanilleteig
250 g Butter

175 g Zucker
4 Eier (M)
250 g Mehl
1 Prise Salz
1 TL Backpulver
1 TL Vanilleextrakt

Für die Dekoration
200 g dunkle Kuvertüre
Zuckerstreusel weiß und rosa

Zubehör
Kastenform 30 cm, Einhornausstecher

1. Den Backofen auf 175 °C Ober- und Unterhitze vorheizen.

2. Für den Schokoladenteig die Butter zusammen mit dem Zucker in einer Schüssel hell-cremig aufschlagen. Dann nach und nach die Eier einrühren. Das Mehl mit dem Kakao, dem Salz und dem Backpulver vermengen, zu den anderen Zutaten in die Schüssel geben und alles zu einem glatten Teig verrühren. Den Teig in die gefettete und bemehlte Kastenform geben und im Ofen auf mittlerer Schiene ca. 45 Minuten backen.

3. Den Kuchen 10 Minuten in der Form abkühlen lassen, dann herauslösen und auf einem Rost vollständig erkalten lassen. Form säubern, erneut einfetten und mit Mehl bestäuben.

4. Den erkalteten Kuchen in dünne Scheiben schneiden und mit einem Keksausstecher das Einhornmotiv ausstechen. Die Einhörner zu mehreren Türmchen stapeln und 1 Stunde einfrieren.

5. Für den Vanilleteig die Butter zusammen mit dem Zucker in einer Schüssel hell-cremig aufschlagen. Dann nach und nach die Eier einrühren. Das Mehl mit dem Salz, dem Backpulver und dem Vanilleextrakt vermengen, zu den anderen Zutaten in der Schüssel geben und alles zu einem glatten Teig verrühren.

6. Eine sehr dünne Schicht Vanilleteig auf dem Boden der Backform verteilen und darauf wie eine Rolle die Einhörner aus Schokoladenkuchen legen. Den kompletten Vanilleteig darüber verstreichen. Dabei darauf achten, dass keine Hohlräume entstehen.

7. Kuchen bei gleicher Temperatur ca. 40 Minuten backen. Den Kuchen 10 Minuten in der Form abkühlen lassen, dann herauslösen und auf einem Rost vollständig erkalten lassen.

8. Die Kuvertüre schmelzen und über den Kuchen geben. Diesen dann mit Zuckerstreuseln dekorieren.

6.

Aus dem restlichen Schokoladenkuchen können z. B. prima Cake Pops gemacht werden.

Gefüllte Rainbow-Unicorn-Cookies

ca. 7-8 Stück

Arbeitszeit: ca. 50 Minuten (ohne eventuelle Kühl- und Trocknungszeit)

Schwierigkeit 🦄 🦄 🦄

Für die Füllung
90 g weiße Schokolade
30 ml Sahne

Für den Teig
125 g weiche Butter
125 g Zucker
1 Ei (Größe M)
2 Tropfen Bittermandelaroma
250 g Mehl

Für die Dekoration
150 g weißer Fondant
Bäckerstärke
ca. 20 saure Fruchtgummistreifen
schwarze Zuckerperlen
bunte Zuckersterne

Zubehör
Einhornausstecher

1. Für die Füllung die weiße Schokolade sehr fein hacken und in ein hohes Gefäß füllen. Die Sahne in einem Topf kurz aufkochen und über die Schokolade gießen. Langsam rühren, bis sich die Schokolade in der Sahne aufgelöst hat. Unter gelegentlichem Rühren Masse auf Zimmertemperatur abkühlen lassen. Danach abgedeckt 1 Stunde in den Kühlschrank stellen.

2. Für den Teig die Butter mit dem Zucker in einer Schüssel verrühren, dann das Ei und das Aroma hinzufügen. Alles gut miteinander vermengen. Zuletzt das Mehl hinzufügen und alles mit den Knethaken des Mixers zu einem geschmeidigen Teig verarbeiten. Den Teig zu einer Kugel formen, platt drücken, in Frischhaltefolie wickeln und ca. 1 Stunde kalt stellen.

3. Den Backofen auf 175 °C Ober- und Unterhitze vorheizen.

4. Den Teig etwa 0,5 cm dick ausrollen und mit einem Einhornausstecher (ca. 8 cm) Kekse ausstechen. Den übrigen Teig nicht mehr als einmal neu verkneten und ausrollen.

5. Die Kekse auf ein mit Backpapier belegtes Blech legen und im Ofen auf der mittleren Schiene 10–12 Minuten backen. Danach vorsichtig vom Blech nehmen und auf einem Rost vollständig auskühlen lassen.

6. Den weißen Fondant auf etwas Bäckerstärke dünn ausrollen und mit dem gleichen Keksausstecher Einhornmotive ausstechen. Die Hälfte der Kekse

mit einem nassen Tuch befeuchten und den ausgestochenen Fondant darauf platzieren und leicht andrücken.

7. Mit demselben Keksausstecher nur die Mähne und den Schweif aus dem sauren Fruchgummi ausstechen. Mit einem Messer zurechtschneiden.

8. Mit etwas Wasser oder Zuckerkleber die Mähne, den Schweif, eine schwarze Zuckerperle als Auge und einen bunten Zuckerstern auf dem Po auf dem Fondant festkleben.

9. Etwas von der weißen Schokoladencreme auf die nicht dekorierten Kekse streichen und einen verzierten Keks daraufsetzen.

Bunte Einhorn-Bruchschokolade

1 Blech

Arbeitszeit: ca. 15 Minuten (ohne eventuelle Kühl- und Trocknungszeit)

Schwierigkeit

---

300 g weiße Schokolade
Lebensmittelfarben: rosa, lila und
  hellblau

verschiedene Zuckerstreusel (z. B.
  weiße Perlen und bunte Sterne)
bunte Mini-Marshmallows

---

1. Die Schokolade fein hacken und in einem Topf schmelzen. Dann gleichmäßig auf vier Schüsseln verteilen. Je eine Portion rosa, lila und hellblau einfärben. Eine Portion wird nicht eingefärbt.

2. Die bunte Schokolade in Klecksen auf einem Backpapier verteilen. Mit einem Löffelstiel die Schokolade marmorieren, sodass hübsche Wirbel entstehen.

3. Große und kleine Zuckerperlen, Zuckersterne und Marshmallows auf der Schokolade verteilen.

4. Die Schokolade fest werden lassen und in Stücke brechen.

Verträumte Einhorn-Torte

Ø 20 cm

Arbeitszeit: ca. 85 Minuten (ohne eventuelle Kühl- und Trocknungszeit)

Schwierigkeit

Für die Dekoration
770 g weißer Fondant
etwas Bäckerstärke
goldene Lebensmittelfarbe
goldene Zuckersterne
30 g schwarzer Fondant

Für den Teig
6 Eier (M)
275 g Zucker
300 ml Buttermilch
300 ml neutrales Pflanzenöl
2 ½ TL Vanilleextrakt
450 g Mehl
1 ½ Pck. Backpulver
Fett für die Form
Mehl zum Bestäuben

Für die Creme/Füllung
6 Eiweiße (M)
1 Prise Salz
300 g Zucker
100 ml Wasser
500 g weiche Butter
2–3 EL Marmelade
  (nach Geschmack)
Lebensmittelfarben: blau, gelb
  und rosa

Zubehör
2 Springformen à Ø 20 cm
(ist nur eine Springform
vorhanden, können die Böden
auch nacheinander gebacken
werden), Kreisausstecher, etwas
Bäckerstärke

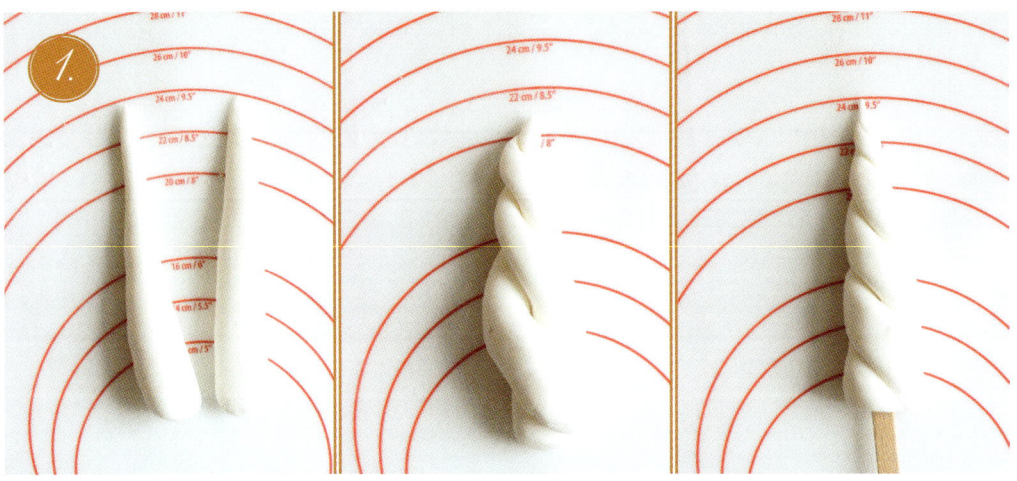

1. Mit der Dekoration beginnen. Aus 100 g weißem, weich geknetetem Fondant zwei spitz zulaufende Stränge für das Horn formen und diese miteinander verdrehen. Die untere Seite gerade abschneiden und das Horn auf einen breiten Spieß stecken.

2. Für die Ohren 70 g weißen Fondant auf etwas Bäckerstärke ausrollen und zwei etwa 6 cm hohe Ovale ausstechen. Dafür erst einen Kreis ausstechen und dann mit demselben Ausstecher links und rechts etwas Fondant wegnehmen, sodass je ein Oval mit spitzen Enden entsteht. Diese an der unteren Seite zusammendrücken und auf einen Spieß stecken.

3. Horn und Ohren 3–4 Stunden trocknen lassen. Danach mit goldener Lebensmittelfarbe bemalen und erneut 3–4 Stunden trocknen lassen.

4. Den Backofen auf 180 °C Ober- und Unterhitze vorheizen.

5. Für den Teig Eier in einer Schüssel schaumig schlagen, bis sich das Volumen deutlich vergrößert hat. Dann langsam den Zucker einrieseln lassen

und verrühren. Buttermilch, Öl und Vanilleextrakt in einem Messbecher verrühren. In einer weiteren Schüssel Mehl und Backpulver vermengen. Nun abwechselnd etwas von der Öl-Buttermilch-Mischung und den trockenen Zutaten unter die Ei-Zucker-Masse heben und alles zu einem glatten Teig verrühren. Den Teig auf zwei gefettete und bemehlte Springformen verteilen und im Ofen auf mittlerer Schiene ca. 60 Minuten backen.

6. Die Böden in der Form 10–15 Minuten abkühlen lassen, dann aus der Form lösen und vollständig auskühlen lassen. Die beim Backen entstandene Kuppel gerade abschneiden.

7. Für die Creme die Eier trennen und das Eiweiß in eine große fettfreie Rührschüssel geben und mit dem Salz steif schlagen. Dabei langsam ein Drittel des Zuckers einrieseln lassen. Das Wasser zusammen mit dem restlichen Zucker in einen Topf geben und aufkochen lassen. Den Sirup unter ständigem Rühren 3–5 Minuten einkochen. Den heißen Sirup dann unter ständigem Rühren in einem dünnen Strahl zu dem Eischnee gießen. Die Masse so lange schlagen, bis sie wieder abgekühlt ist. Dann esslöffelweise die Butter dazugeben und einrühren.

8. Den ersten Tortenboden auf die Tortenplatte legen und erst dünn mit Marmelade und dann mit 2 EL Creme bestreichen. Den zweiten Boden aufsetzen. Dann die komplette Torte einmal dünn mit der Creme einstreichen und 45 Minuten kühl stellen. Danach die komplette Torte noch einmal glatt mit der Creme einstreichen.

9. Zum Eindecken ca. 600 g weißen Fondant weich kneten und auf etwas Bäckerstärke dünn zu einem Kreis mit mindestens 40 cm Durchmesser ausrollen. Den Fondant über die Torte legen und glatt streichen. Überschüssigen Fondant an der Unterseite gerade abschneiden.

10. Die restliche Creme gleichmäßig auf drei Schüsseln verteilen und blau, gelb und rosa einfärben. Jede Farbe in einen Spritzbeutel füllen und die Spitzen abschneiden. Alle drei Spritzbeutel in einen größeren Spritzbeutel mit großer Sterntülle geben.

11. Das Horn und die Ohren in die Torte stecken. Mit der Creme in kleinen Röschen und Tupfen eine bunte Mähne aufspritzen. Goldene Zuckersterne darüberstreuen.

12. Den schwarzen Fondant aus Bäckerstärke ausrollen und etwas antrocknen lassen. Mit einem Messer die Form für die geschlossenen Augen herausschneiden. Dafür einen kleinen Kreisausstecher oder eine Spritztülle zur Hilfe nehmen. Die Augen mit etwas Wasser oder Zuckerkleber an der Torte befestigen.

Gefüllte Ein-Hörnchen

8 Stück

Arbeitszeit: ca. 25 Minuten (ohne eventuelle Kühl- und Trocknungszeit)

Schwierigkeit 🦄 🦄 🦄

Für die Rollen
1 Rolle Blätterteig (aus der
  Kühltheke)
Fett für die Formen
1 Eigelb (M)
2–3 EL Milch (3,5 % Fett)

Für die Dekoration
etwas Kokosfett
200 g blaue Glasurlinsen
bunte Zuckerstreusel (z. B. Sterne)

Für die Creme
2 Eiweiße (M)
120 g Puderzucker
1 Pck. Vanillezucker

Zubehör
Schillerlockenkegel

---

1. Den Backofen auf 180 °C Ober- und Unterhitze vorheizen.

2. Den Blätterteig aufrollen und in 8 lange Streifen von 3 cm Breite schneiden. Die Schillerlockenkegel einfetten und die Blätterteigstreifen so herumwickeln, dass sie leicht überlappen und das Ende des Streifens am Kegelboden sitzt. Die Kegel auf ein mit Backpapier belegtes Backblech stellen. Das Eigelb mit der Milch verquirlen und den Blätterteig damit bestreichen. Blech in den Ofen schieben und Kegel 15–18 Minuten auf mittlerer Schiene backen.

3. Nach dem Backen die noch heißen Teigkegel sehr vorsichtig mit einer leichten Drehbewegung von den Formen ziehen und komplett auskühlen lassen.

4. Die Glasurlinsen im Wasserbad schmelzen, mit etwas Kokosfett ausdünnen. Die Kegel mit der Öffnung nach unten in die Glasur tauchen und mit bunten Zuckerstreuseln dekorieren.

5. Für die Creme das Eiweiß in einer Metallschüssel über einem Wasserbad zusammen mit dem Puderzucker und dem Vanillezucker in 15 Minuten steif schlagen. Die Creme in einen Spritzbeutel mit kleiner Sterntülle geben und die Kegel damit füllen.

Einhorn-Berliner

10 Stück

Arbeitszeit: ca. 75 Minuten (ohne eventuelle Kühl- und Trocknungszeit)

Schwierigkeit 🦄 🦄 🦄

Für den Teig

125 ml Milch (3,5 % Fett)
25 g Zucker
½ Würfel frische Hefe
300 g Mehl
1 Prise Salz
1 Ei (M)
35 g Butter
Mehl für die Arbeitsfläche
Pflanzenöl zum Ausbacken

Für die Füllung

200 g Marmelade (nach
   Geschmack)

Für die Dekoration

50 g weißer Fondant
essbare goldene Puderfarbe
etwas klarer Alkohol
etwas Kokosfett
200 weiße Glasurlinsen
Streudekor (z. B. goldene Sterne)
je 30–50 g Fondant rosa und lila
Bäckerstärke
10 g schwarzer Fondant

Zubehör

Silikonform für Rosen, zwei
Kreisausstecher (Ø 8 cm,
Ø ca. 2,5 cm)

1. Aus weißem Fondant Hörner formen. Dazu den Fondant zu dünnen Strängen rollen, die zu den Enden spitz zulaufen. Die dünnen Enden von 2 Strängen zusammenfassen und diese verzwirbeln. Unten gerade abschneiden und die Hörner auf einen Zahnstocher oder eine rohe Spaghetti spießen (Achtung: Gäste unbedingt darauf aufmerksam machen, damit sich keiner wehtut.).

2. Ebenfalls aus weißem Fondant kleine Dreiecke als Ohren formen und auf Zahnstocher setzen. Hörner und Ohren ca. 1 Stunde trocknen lassen.

3. Die goldene Puderfarbe mit einigen Tropfen Alkohol anrühren und damit die Hörner und die Ohren bemalen. Die Hörner und Ohren dann noch mal 3–5 Stunden oder über Nacht trocknen lassen.

4. Für den Hefeteig zuerst die Milch in einem Topf etwa handwarm erwärmen, den Zucker und die Hefe einrühren und darin auflösen. Mehl, etwas Salz und Ei in eine große Rührschüssel geben und die Hefemilch dazugießen. Den Teig kneten und dann die Butter hinzufügen. Alles mit der Hand oder mit dem Knethaken des Mixers zu einem glatten, elastischen Teig verarbeiten. Diesen an einem warmen Ort abgedeckt 45–60 Minuten gehen lassen. Das Teigvolumen sollte sich mindestens verdoppelt haben.

5. Den Teig nochmals kurz durchkneten und auf einer bemehlten Arbeitsfläche ca. 1 ½ cm dick ausrollen. Mit einem Kreisausstecher oder Wasserglas Kreise mit etwa 8 cm Durchmesser ausstechen. Teigreste verkneten (aber nicht öfter als zweimal) und erneut ausrollen und ausstechen. Die Berliner abgedeckt ca. 45 Minuten gehen lassen.

6. Ausreichend Öl in einen Topf geben, sodass die Berliner darin schwimmen können. Öl auf ca. 170 °C erhitzen. Je nach Topfgröße 3–4 Berliner gleichzeitig 1–2 Minuten ausbacken. Die Berliner nach der Hälfte der Zeit wenden. Wenn sie fertig sind, mit einer Schaumkelle aus dem heißen Öl holen und auf einem Küchentuch abkühlen lassen.

7. Ein Loch in die Seite der Berliner stechen. Die Marmelade in einen Spritzbeutel mit Lochtülle geben und die Berliner damit füllen.

8. Die Glasurlinsen im Wasserbad schmelzen und mit etwas Kokosfett ausdünnen. Die Oberseite der Berliner damit überziehen. Den Guss mit etwas goldenem Streudekor verzieren und dann fest werden lassen.

9. Die Hörner und die Ohren in die Berliner stecken.

10. Mithilfe einer Silikonform Rosen für die Mähne herstellen. Dafür kleine Mengen des Fondants in Rosa und Lila in die mit Bäckerstärke ausgepuderte Form drücken und herauslösen. Die Blumen mit etwas Wasser oder Zuckerkleber auf den Berlinern anbringen.

11. Für die Augen etwas schwarzen Fondant auf Bäckerstärke ausrollen und mit einem kleinen Kreisausstecher oder einer Spritztülle dünne Halbmonde ausstechen. Diese mit etwas Wasser oder Zuckerkleber als Augen auf den Berlinern anbringen.

Wer keine Silikonform für Rosen hat, kann die Rosen auch leicht selbst formen. Dazu eine kleine Menge Fondant zu einer dünnen Schlange formen, diese flach drücken und dann einrollen. So entstehen schnell Rosen. Alternativ können auch fertige Blumen z. B. aus Esspapier verwendet werden.

Einhorn-Selfie-Cookies

10 Stück

Arbeitszeit: ca. 45 Minuten (ohne eventuelle Kühl- und Trocknungszeit)

Schwierigkeit

Für den Teig
125 g weiche Butter
125 g Zucker
1 Ei (Größe M)
1 TL Vanilleextrakt
250 g Mehl
Mehl für die Arbeitsfläche

Für die Dekoration
2 Eiweiße (Größe M)
500–700 g Puderzucker und etwas
   zum Andicken
etwas Wasser
Lebensmittelfarben: rosa, pink, lila
   und hellgrün

Zubehör
Pappe, Lollistiele, bunte
Papierstrohhalme

1. Die Butter mit dem Zucker in einer Schüssel mit den Knethaken des Mixers auf niedriger Stufe verrühren, dann das Ei und den Vanilleextrakt hinzufügen und gut vermengen. Zuletzt das Mehl hinzufügen und alles zu einem geschmeidigen Teig verarbeiten. Den Teig zu einer Kugel formen, platt drücken, in Frischhaltefolie wickeln und ca. 1 Stunde kalt stellen.

2. Aus Pappe eine Schablone für das Horn basteln. Es sollte etwa 13 cm hoch und unten etwa 5 cm breit sein.

3. Den Backofen auf 175 °C Ober- und Unterhitze vorheizen.

4. Den Teig auf der bemehlten Arbeitsfläche etwa 5 mm dick ausrollen. Mithilfe der Schablone Hörner aus dem Teig schneiden. Die Hörner auf ein mit Backpapier belegtes Blech legen und im Ofen auf mittlerer Schiene 10–12 Minuten backen. Die Lollistiele vorsichtig in die noch warmen Kekse schieben. Alternativ können auch backfeste Spieße vor dem Backen in die Kekse gesteckt werden. Die Kekse nach dem Backen vollständig auskühlen lassen.

5. Das Eiweiß in einer Schüssel aufschlagen, bis es leicht schaumig wird. Dann den Puderzucker hinzusieben und gut verrühren.

6. Eine kleine Portion des Gusses in einen Spritzbeutel mit sehr kleiner Lochtülle füllen und damit in dünnen Linien Umrisse des Horns aufspritzen. Dafür je fünf nach oben hin immer kleiner werdende rautenförmige Partien abteilen. Esslöffelweise Wasser zum restlichen Guss geben, bis eine dickflüssige Konsistenz entsteht. Einen kleinen Teil davon rosa einfärben. Jeweils etwas rosa und etwas weißen Guss in einen Spritzbeutel mit kleiner Lochtülle geben und damit die Rauten ausfüllen. Dabei immer zwischen Rosa und Weiß abwechseln. Die Kekse 1 Stunde trocknen lassen.

7. Den restlichen Guss durch Zugabe von Puderzucker wieder fester machen, sodass er beim Aufspritzen seine Form behält. Guss auf drei Schüsseln verteilen und pink, lila und hellgrün einfärben.

8. Den pinken und den lila Guss jeweils in einen Spritzbeutel mit sehr kleiner Sterntülle füllen. Mit dem pinken Guss in kleinen Spiralen Rosen auf die Kekse spritzen. Der lila Guss wird in kleinen Tupfen dazwischen gesetzt. Den hellgrünen Guss in einen Spritzbeutel mit kleiner Blatttülle füllen und ein paar Blätter zwischen die Blüten setzen. Die Kekse ca. 3 Stunden trocknen lassen.

9. Bunte Papierstrohhalme auf die gewünschte Länge zuschneiden und über die Lolliestiele schieben.

Unicorn-Watercolor-Cookies

ca. 10–12 Stück

Arbeitszeit: ca. 40 Minuten (ohne eventuelle Kühl- und Trocknungszeit)

Schwierigkeit

Für den Teig
125 g weiche Butter
125 g Zucker
1 Ei (Größe M)
1 TL Vanilleextrakt
250 g Mehl
Mehl für die Arbeitsfläche

Für die Dekoration
250 g weißer Fondant
Bäckerstärke
Lebensmittelfarben: rosa, blau und
  gelb
etwas klarer Alkohol
Blattgold oder goldene
  Lebensmittelfarbe

Zubehör
Einhornausstecher

1. Die Butter mit dem Zucker in eine Schüssel geben und mit dem Handrührgerät auf niedriger Stufe verrühren, dann das Ei und den Vanilleextrakt hinzufügen. Alles gut miteinander vermengen. Zuletzt das Mehl hinzufügen und alles zu einem geschmeidigen Teig verarbeiten. Den Teig zu einer Kugel formen, platt drücken, in Frischhaltefolie wickeln und ca. 1 Stunde kalt stellen.

2. Den Backofen auf 175 °C Ober- und Unterhitze vorheizen.

3. Den Teig etwa 0,5 cm dick ausrollen und mit dem Einhornausstecher (ca. 11 cm) Kekse ausstechen. Die Teigreste einmal neu verkneten (nicht öfter!), ausrollen und ausstechen.

4. Die Kekse auf ein mit Backpapier belegtes Blech geben und im Ofen auf mittlerer Schiene 10–12 Minuten backen. Danach vorsichtig vom Blech nehmen und auf einem Rost vollständig auskühlen lassen.

5. Den weißen Fondant auf etwas Bäckerstärke dünn ausrollen und mit dem gleichen Keksausstecher Einhornmotive ausstechen. Die Kekse mit einem nassen Tuch befeuchten und den ausgestochenen Fondant darauf platzieren und leicht andrücken.

6. Die Lebensmittelfarbe jeweils mit einigen Tropfen klarem Alkohol verdünnen. Die Kekse damit bemalen und die Farben dabei ineinanderlaufen lassen. Die überschüssige Feuchtigkeit abnehmen. Dafür ein Küchenpapier auf dem Keks platzieren und schnell gerade nach oben wieder abheben. Die feuchten Kekse mit etwas Blattgold oder goldener Lebensmittelfarbe verzieren.

Leckere Glücksbringer: Hufeisen-Mandelhörnchen

ca. 9 Stück

Arbeitszeit: ca. 25 Minuten (ohne eventuelle Kühl- und Trocknungszeit)

Schwierigkeit 🦄 🦄 🦄

Für den Teig
200 g Marzipan
100 g gemahlene Mandeln
2 TL Zitronensaft
100 g Puderzucker
2 Eiweiße (M)
100 g gehobelte Mandeln

Für die Dekoration
etwas Kokosfett
100 g rosa Glasurlinsen
weiße Zuckerstreusel

1. Den Backofen auf 180 °C Ober- und Unterhitze vorheizen.

2. Das Marzipan in eine Schüssel raspeln und mit den gemahlenen Mandeln, dem Zitronensaft und dem Puderzucker verkneten. Aus dem Teig erst kleine Rollen formen und diese dann zu Hufeisen biegen. Die Hufeisen mit dem Eiweiß bestreichen und die gehobelten Mandeln darüberstreuen. Hufeisen auf ein mit Backpapier belegtes Blech legen und im Ofen auf mittlerer Schiene 10–15 Minuten backen. Danach mit dem Backpapier vom heißen Blech ziehen und vollständig abkühlen lassen.

3. Kokosfett in einem Topf erwärmen und rosa Glasurlinsen darin schmelzen. Die Enden der Hufeisen in die Glasur tauchen und dann mit weißen Zuckerstreuseln verzieren.

Einhorn-Pups-Baiser

2 Bleche

Arbeitszeit: ca. 15 Minuten (ohne eventuelle Kühl- und Trocknungszeit)

Schwierigkeit 🦄 🦄 🦄

---

250 g Eiweiß
1 Prise Salz
500 g Puderzucker

Lebensmittelfarben: rosa, blau
und gelb
essbarer goldener Glitzer

---

1. Den Backofen auf 120 °C Ober und Unterhitze vorheizen.

2. Das Eiweiß mit dem Salz in einer fettfreien Schüssel aufschlagen. Sobald sich Bläschen bilden, auf höchster Stufe weiterrühren. Dann langsam den Puderzucker dazusieben. Die Eiweißmasse so lange aufschlagen, bis sie weiß, glänzend und cremig aussieht.

3. Die Masse gleichmäßig auf drei Schüsseln verteilen und jeweils rosa, blau und gelb einfärben.

4. Alle drei Farben in einen Spritzbeutel mit Lochtülle füllen. Damit in einer sich nach oben schraubenden Bewegung kleine Häufchen auf ein mit Backpapier belegtes Blech spritzen. Vor dem Backen Baiser noch mit etwas essbarem Glitzer bestreuen.

5. Blech in den Ofen schieben und Baiser ca. 1 Stunde trocknen.

Das Eiweiß sollte man am besten abwiegen. Damit die Baisers sicher gut gelingen, wird einfach doppelt so viel Zucker verwendet wie Eiweiß.

Coole Einhorn-Eistorte

Ø 20 cm

Arbeitszeit: ca. 25 Minuten (ohne eventuelle Kühl- und Trocknungszeit)

Schwierigkeit 🦄 🦄 🦄

Für den Boden
150 g Butterkekse
60 g Butter

Für die Eisschicht
500 ml Heidelbeereis
500 ml Erdbeereis
500 ml Vanilleeis

Für die Dekoration
2 kleine Herzwaffeln
1 Eiswaffel
goldene Lebensmittelfarbe
100 ml Sahne
1 gehäufter EL Puderzucker
einige frische Beeren

Zubehör
Springform

1. Für den Boden die Butterkekse in einen Gefrierbeutel geben und mit einem Nudelholz zu feinen Krümeln zerkleinern.

2. Die Butter in einem Topf zerlassen und in einer Schüssel gut mit den Kekskrümeln vermengen.

3. Den Boden der Springform mit Backpapier auskleiden. Den Teig in die Springform geben und z.B. mit dem Boden eines Wasserglases fest drücken. Den Boden dann ca. 30 Minuten im Gefrierschrank einfrieren. Währenddessen die Herzwaffeln und die Eiswaffel mit goldener Lebensmittelfarbe bemalen.

4. Das Heidelbeereis aus der Kühlung nehmen und etwas weicher werden lassen. Das Eis dann aufschlagen, auf dem gefrorenen Boden verteilen, glatt streichen und die Form weitere 30 Minuten in das Gefrierfach stellen. Danach erst mit dem Erdbeereis und dann mit dem Vanilleeis ebenso verfahren, sodass drei Schichten Eis entstehen. In die

letzte Schicht vor dem Kühlen die Herzwaffeln als Ohren und die Eiswaffel als
Horn stecken.

5. Kurz vor dem Servieren die Sahne
mit dem Puderzucker aufschlagen und
die Torte damit und mit den frischen
Beeren verzieren.

*Der Geschmack dieser Torte
kann natürlich nach Belieben ver-
ändert werden. Wie wär's mal mit
Brombeer-, Minz- und Schokola-
deneis?*

Pinke Einhorn-Cookies

10–12 Stück

Arbeitszeit: ca. 45 Minuten (ohne eventuelle Kühl- und Trocknungszeit)

Schwierigkeit 🦄 🦄 🦄

Für den Teig
125 g weiche Butter
125 g Zucker
1 Ei (Größe M)
Schalenabrieb ½ Bio-Zitrone
250 g Mehl
Mehl für die Arbeitsfläche

Für die Dekoration
1 Eiweiß (Größe M)
250 g Puderzucker und etwas zum
 Andicken

etwas Wasser
goldene Zuckersterne
kleine schwarze Zuckerperlen
pinke Lebensmittelfarbe
etwas essbarer Glitzer
essbare Puderfarbe in Gold und
 Pink
etwas klarer Alkohol
schwarzer Lebensmittelfarbstift

Zubehör
Einhornausstecher

1. Den Backofen auf 175 °C Ober- und Unterhitze vorheizen.

2. Für den Teig die Butter mit dem Zucker in eine Schüssel geben und mit den Knethaken des Mixers auf niedriger Stufe verrühren, dann das Ei und die Zitronenschale hinzufügen und gut vermengen. Zuletzt das Mehl zugeben und alles zu einem geschmeidigen Teig verarbeiten. Den Teig zu einer Kugel formen, platt drücken, in Frischhaltefolie wickeln und ca. 1 Stunde kalt stellen.

3. Den Teig auf der bemehlten Arbeitsfläche etwa 0,5 cm dick ausrollen. Mit einem Einhornausstecher (ca. 11 cm) Kekse ausstechen. Teigreste einmal neu verkneten (nicht öfter!), ausrollen und ausstechen. Die Kekse auf ein mit Backpapier ausgelegtes Backblech legen und im Ofen 10–12 Minuten backen. Danach vorsichtig mit einem Pfannenwender vom Blech nehmen und auf einem Gitter vollständig auskühlen lassen.

4. Das Eiweiß in einer Schüssel aufschlagen, bis es leicht schaumig wird. Dann den Puderzucker hinzusieben. Beides miteinander verrühren. Teelöffelweise Wasser einrühren, bis eine dickflüssige Konsistenz erreicht ist. Den Guss in einen Spritzbeutel mit sehr kleiner Lochtülle füllen und die Einhörner damit verzieren. Dabei erst eine Konturlinie aufspritzen und diese dann ausfüllen. Auf dem Po des Einhorns einen goldenen Zuckerstern platzieren und eine kleine schwarze Zuckerperle als Auge setzen. Die Kekse 30–60 Minuten trocknen lassen.

5. Den Guss wieder in die Rührschüssel füllen und so lange Puderzucker dazusieben und einrühren, bis eine deutlich festere Konsistenz entstanden ist. Den Guss mit der Lebensmittelfarbe pink einfärben und in einen Spritzbeutel mit kleiner Sterntülle füllen. Damit den Schweif und die Mähne auf die Kekse spritzen. Die Mähne mit etwas essbarem Glitzer bestreuen.

6. Die goldene Puderfarbe mit ein paar Tropfen klarem Alkohol anrühren. Das Horn und die Hufe damit bemalen. Die Cookies 45 Minuten trocknen lassen.

7. Dann die Mähne und den Mund mit etwas rosa Farbe abpudern. Zuletzt mit einem Lebensmittelfarbstift einen Mund aufmalen.

Am besten den Einhornausstecher immer bemehlen. Filigrane Teile wie die Beine vorsichtig mit einem Pinsel herausdrücken.

Einhorn-Erdbeer-Pie

Ø 24 cm

Arbeitszeit: ca. 35 Minuten (ohne eventuelle Kühl- und Trocknungszeit)

Schwierigkeit

Für den Mürbeteig
250 g Mehl
75 g Zucker
125 g Butter (kalt, gewürfelt)
1 Ei (M)
Mehl für die Arbeitsfläche und
  zum Bestäuben
Fett für die Form

Für die Füllung
180 g Erdbeeren
1 Dose Kokosmilch (500 ml)

1 TL Vanilleextrakt
2 Pck. Sofortgelatine
  (zum Kaltanrühren)
50 g Zucker

Für die Dekoration
75 ml Sahne
einige Marshmallows

Zubehör
Pieform, Einhornausstecher

---

1. Für den Teig das Mehl in eine Schüssel geben und mit dem Zucker und der Butter krümelig vermengen. Dann das Ei hinzufügen und alles mit den Knethaken des Mixers zu einem Teig kneten. Wenn der Teig zu fest ist, noch 1–2 EL Eiswasser dazugeben. Den Teig in Frischhaltefolie wickeln und 1–2 Stunden im Kühlschrank lagern.

2. Danach Teig ausrollen. Die gefettete und bemehlte Pieform mit dem Teig auskleiden und überschüssigen Teig am Rand abschneiden. Mit einer Gabel den Rand ringsherum eindrücken, sodass ein hübsches Muster entsteht. Den Boden mit der Gabel mehrmals einstechen. Die Backform mit dem Teig noch mal 30 Minuten kalt stellen. Aus dem übrigen Teig mit einem Einhornausstecher kleine Einhornköpfe ausstechen.

3. Den Backofen auf 180 °C Ober- und Unterhitze vorheizen.

4. Auf den Teig Backpapier legen und Backerbsen darauf verteilen. Dann Form in den Ofen schieben und Teig 20 Minuten backen. Danach das Backpapier und die Backerbsen entfernen und Teig ca. 10 Minuten bei gleicher Temperatur fertig backen. Beim letzten Backgang können die Einhornköpfe auf einem mit Backpapier ausgelegten Blech mitgebacken werden. Pie gut auskühlen lassen.

5. Die Erdbeeren putzen, waschen, pürieren und Masse durch ein Sieb streichen und auffangen. Das Püree in einer großen Schüssel mit der Kokosmilch und dem Vanilleextrakt verrühren. Dann zügig die Sofortgelatine und den Zucker einrühren. Die Füllung auf den Mürbeteigboden geben und im Kühlschrank in 3–4 Stunden fest werden lassen.

6. Die Sahne in einer Schüssel steif schlagen und in einen Spritzbeutel mit kleiner Sterntülle füllen. Die Sahne auf den Rand des Pies spritzen und diesen dann mit Marshmallows dekorieren. Zuletzt wird noch einer der vorbereiteten Einhornköpfe aus Mürbeteig mittig auf dem Pie platziert.

Das Blindbacken verhindert, dass sich der Teig beim Backen wölbt. So bleibt mehr Platz für die leckere Füllung! Die getrockneten Erbsen können immer wieder zum Blindbacken verwendet werden.

Über die Autorin

Mit Blaubeermuffins hat alles angefangen. Darum stehen diese heute sinnbildlich für alle Lieblingsrezepte der Kielerin. Seit Anfang 2012 betreibt Katharina Karpenkiel-Brill unter dem Pseudonym »Miss Blueberrymuffin« den gleichnamigen Foodblog und teilt dort ihre Rezepte mit ihren Lesern. Mit den ansprechenden Fotos der Kuchen, Kekse und Cupcakes möchte sie andere inspirieren und mit ihrer Leidenschaft fürs Backen anstecken.

Mehr Rezepte von Miss Blueberrymuffin gibt es unter: www.missblueberrymuffin.de